# Ni a Nhw

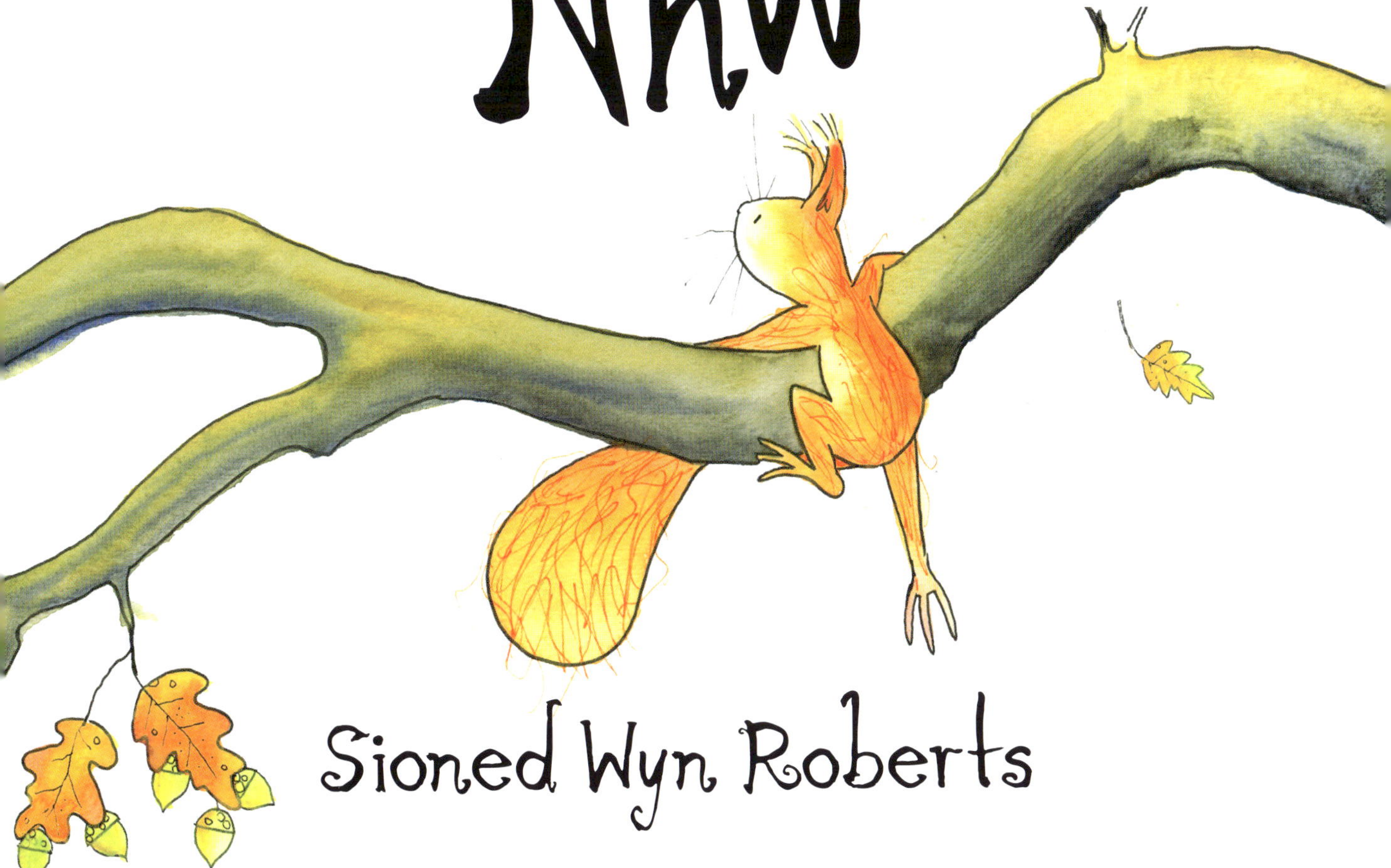

Sioned Wyn Roberts

Lluniau gan Eric Heyman

Bob bore, ar ôl noson dda o gwsg, mae teulu'r wiwer goch yn mynd i chwilio am fwyd.

Ond roedd heddiw yn wahanol. Heddiw, roedd y wiwer goch wedi bod yn pendroni dros rywbeth.

'DAD? DAD!' gwaeddodd y wiwer, gan neidio i lawr o gangen uchel. 'Be sy lawr fanna?'

'Lawr fanna? O dan y ddaear?' atebodd Dad yn ddiamynedd. 'Wel, **nhw** sy lawr fanna, siŵr iawn.'

'**Nhw**,' meddyliodd y wiwer yn bryderus. 'Pwy ydyn **nhw**?'

'**Nhw** 'dyn **nhw** a **ni** 'dyn **ni**, a 'dan **ni**'n gneud dim efo **nhw**,' meddai Dad yn swta braidd. 'Rŵan dos i gasglu mwy o gnau.'

Ond doedd y wiwer fach ddim eisiau casglu cnau diflas. Roedd hi'n benderfynol o fynd i chwilota am y **nhw** dychrynllyd.

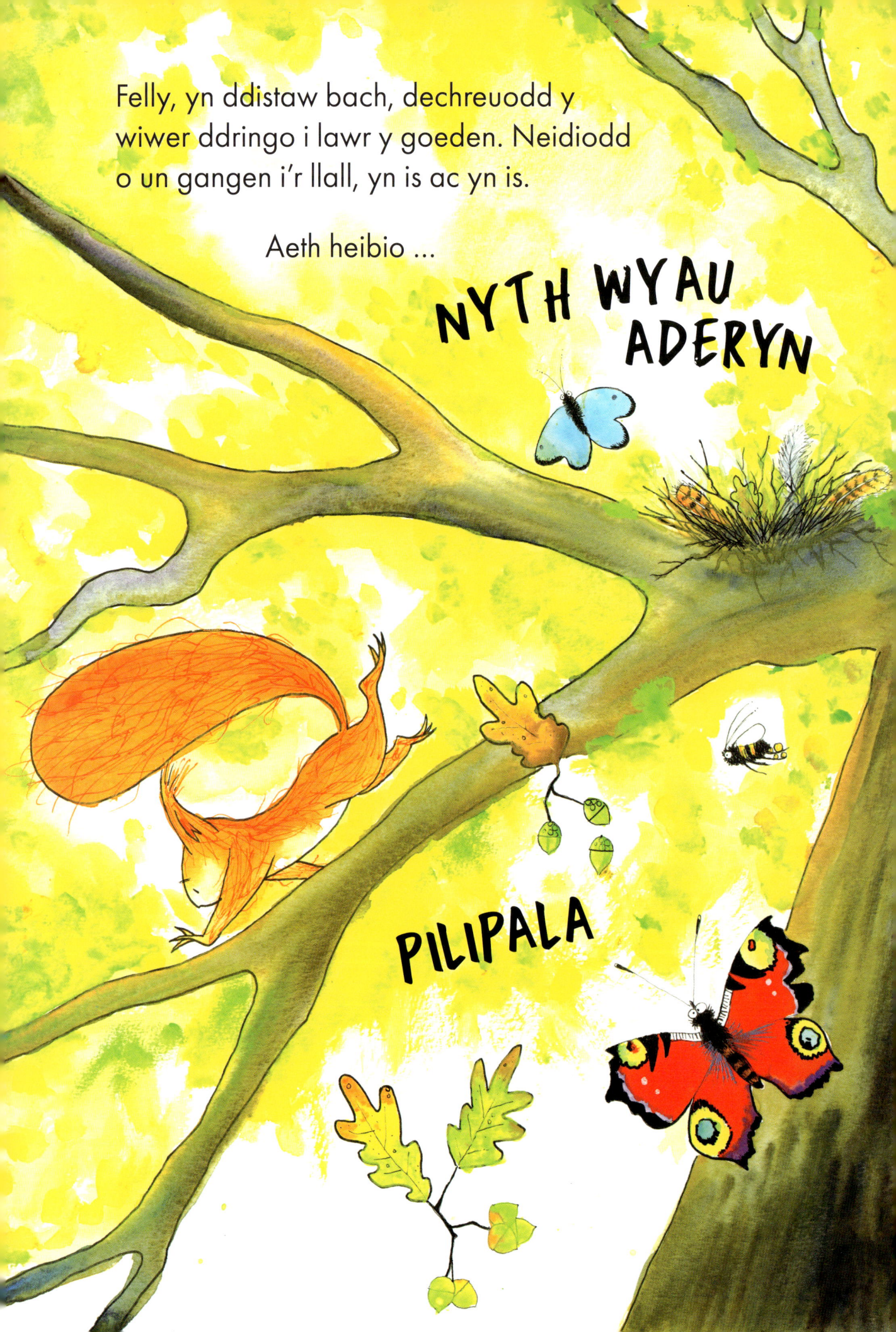

Aeth heibio ...

CORYNNOD

MES

PRYFED

Ond yna fe gollodd ei gafael.

Crashiodd i mewn i greadur dychrynllyd.

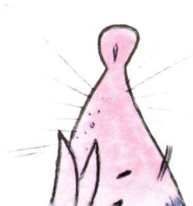

'**NHW!**'
sgrechiodd y wiwer.

'**Ti**'n un ohonyn **NHW!**'

'**Na**,' meddai'r twrch.
'**Ni** 'dyn **Ni** a **Nhw** 'dyn **Nhw**.

Felly **ti** sy'n un ohonyn **NHW!**'

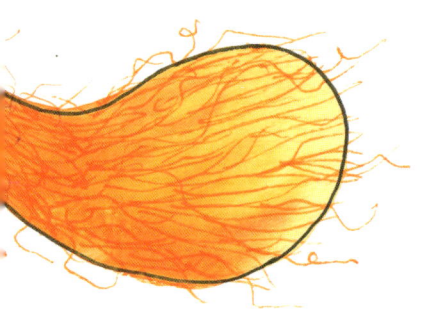

Aeth hi'n ffradach ...

'Na. **NI** dwi, dim **NHW!**'

'Nagwyt. **NI** dwi, felly **NHW** wyt ti.'

'**NHW!**'

'**NI!**'

'Na, **NI!**'

'**NHW!**'

... ond ddim am hir.

Roedd y peth yn wirion bost.

Dechreuodd y wiwer wenu ac yna'r twrch ac o fewn dim,

roedd y ddau yn rowlio chwerthin.

Roedden nhw'n cael gymaint o hwyl, fe chwaraeon nhw drwy'r dydd nes machlud haul.

Ac maen NHW yn ffrindiau 'da NI.

A byth ers hynny … NI MHN yn ffrindiau 'dda

Fe chwaraeon nhw drwy'r dydd nes machlud haul.

O fewn dim, roedd y ddau yn morio chwerthin, ac yn cael gymaint o hwyl.

... ond ddim am hir. Dechreuodd y twrch wenu a'r wiwer biffian.

'Ni!'

'NHW!'

'Ni,' 'NHW,'

'Na, NI!'

'Na, NI dwi, felly NHW wyt ti,'

Aeth hi'n smonach ...

'Na, ydw i.'

**NI!**

**NHW!** Felly fi sy'n un ohonyn

'Na,' meddai'r wiwer. 'Ni, dyn Ni a Nhw, dyn Nhw.

**NHW!** 'Ti'n un ohonyn

sgrechiodd y twrch.

**NHW.**

Ac yna ...

CRASH! BANG!

Clatsiodd i mewn i anghenfil brawychus.

Yn uwch ac yn uwch.

Yn gynt ac yn gynt.

Rhofiodd drwy'r pridd gyda'i bawennau cryf. Roedd yn dilyn ei drwyn i fyny ac i fyny.

CHWILOD

HADAU

MWYDOD

'Mam? Mam!' sibrydodd y twrch bach. 'Beth sy,' Ian fynna?'
'Ian fynna? Uwchben y ddaear?' atebodd Mam yn gysglyd.
'Wel ... **nhw** sy lan fynna.'

**Nhw**, meddyliodd y twrch yn bryderus. 'Pwy ydyn **nhw**?'
'**Nhw**, 'dyn **nhw** a **ni**, 'dyn **ni**, a s'mo **ni**'n gwneud dim 'da **nhw**,' meddai Mam yn flinedig. 'Nawr cer i gysgu.'

Ond doedd y twrch bach ddim eisiau cysgu. Roedd e'n benderfynol o fynd i chwilio am y **nhw** brawychus.

Roedd rhywbeth mawr yn ei boeni.

Ond un bore, roedd y twrch bach yn methu'n glir â chysgu.

Pawb yn barod i gysgu'n sownd.

Ac ar doriad gwawr mae'r tyrchod blinedig yn swatio yn eu twll bach clyd.

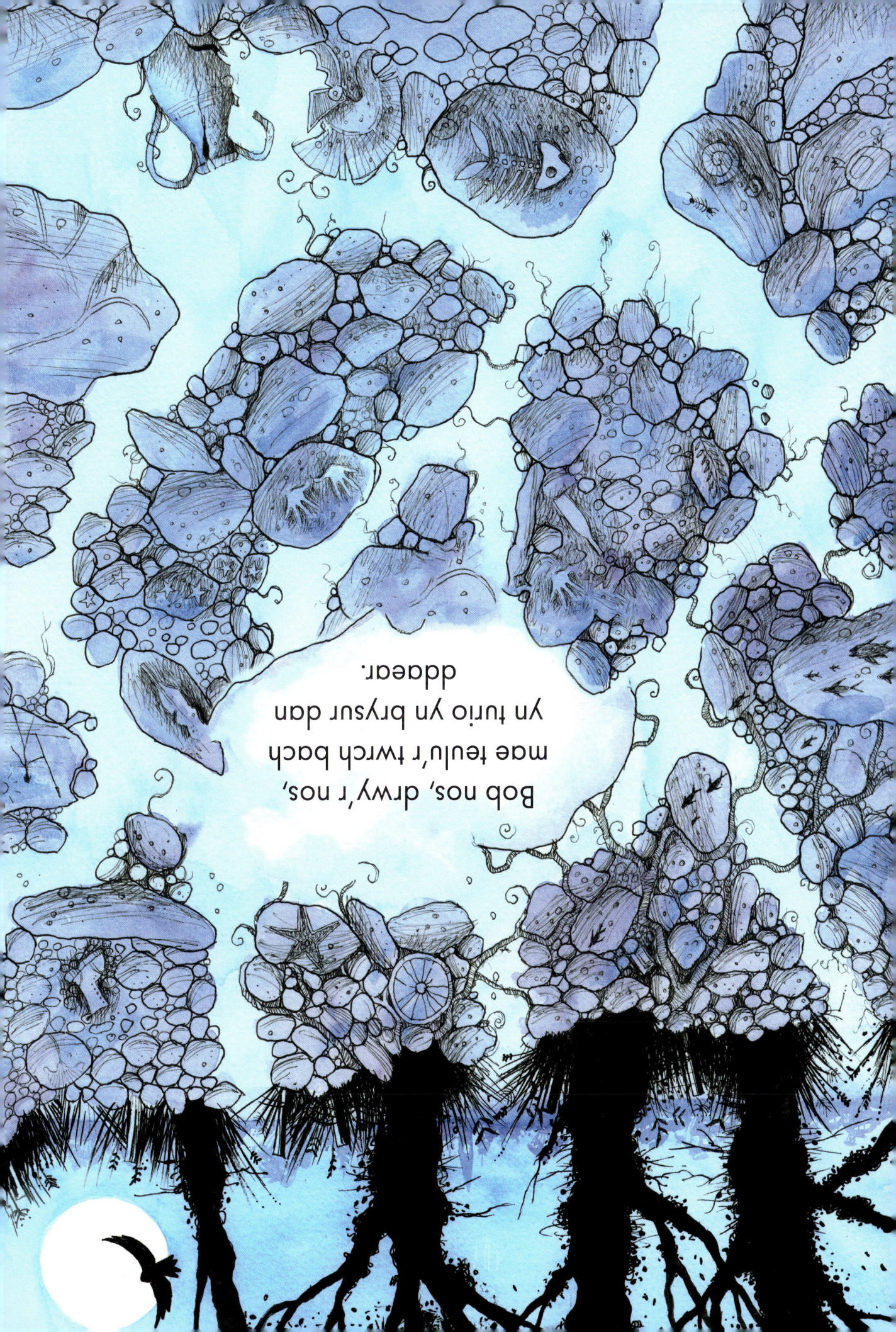

Bob nos, drwy'r nos, mae teulu'r twrch bach yn turio yn brysur dan ddaear.

# Ni a Nhw

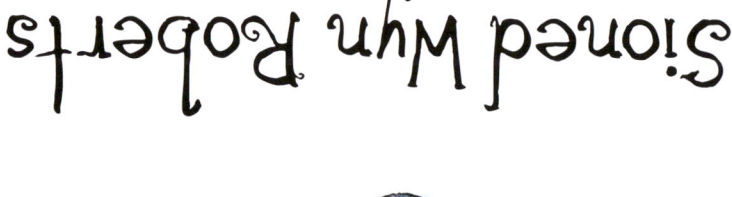

Sioned Wyn Roberts

Lluniau gan Eric Heyman